AF460561

A MONSIEUR

LE BARON CH[les] DUPIN.

Monsieur le Baron,

L'ENSEIGNEMENT de la lecture a été jusqu'ici lent et difficultueux; et pourtant la lecture est la base fondamentale de toutes les connaissances humaines et le premier besoin de l'homme en société. Dès-lors, peut-être, M. le Baron, vous, un des propagateurs les plus zélés, les plus fervens de l'instruction dans toutes les classes de la société, accueillerez-vous avec bienveillance l'hommage que je viens vous faire du Panlexigraphe, ou Syllabaire mobile, destiné à rendre l'enseignement de la lecture plus facile et plus prompt.

Je m'estimerai heureux et fier, M. le Baron, de voir le Panlexigraphe placé sous vos auspices: sous les auspices de ce savant illustre, qui, non content de publier tant de doctes écrits et de faire retentir avec tant d'éclat la tribune parlementaire, veut encore répandre lui-même, sur tout le sol de la France, les lumières et les saines doctrines dont abondent et resplendissent ses éloquens discours et ses scientifiques ouvrages.

J'ai l'honneur d'être, avec le plus profond respect,

MONSIEUR LE BARON,

Votre très-humble et très-
obéissant serviteur,

BRICAILLE,
avocat.

PRÉLIMINAIRE.

Les annonces de nouvelles méthodes de lecture se multiplient et peuvent se multiplier encore. Chacun, en effet, a le droit de créer son système et de le soumettre au jugement du public ; toutes ces méthodes auront des partisans, en plus ou moins grand nombre. De son côté, l'ancienne méthode gardera bien sans doute encore quelques approbateurs. Je viens offrir à toutes ces méthodes, (car toutes ont besoin d'appliquer sur des exemples et sur des exercices leurs divers préceptes, leurs règles différentes) ; je viens, dis-je, offrir à toutes ces méthodes et à chacune d'elles un instrument simple, facile à manier, à la portée de tout le monde, qui d'ailleurs se présentant sous une forme séduisante et n'ayant rien de commun avec les livres, objets toujours peu attrayants pour les élèves, est susceptible de produire à l'instant tous les exemples, tous les exercices, toutes les combinaisons possibles de lettres dans toutes les langues, et qui par son mérite intrinsèque doit augmenter de beaucoup la rapidité des succès que chaque méthodiste peut espérer des moyens qu'il emploie pour arriver à une prompte lecture.

Voici la description de cet instrument, syllabaire mobile, que j'ai nommé Panlexigraphe.

Des bandes mobiles, portant sur leur longueur toutes

les lettres de l'alphabet, glissent à côté l'une de l'autre dans des coulisses séparées, et viennent montrer dans un vide pratiqué à la couverture sous laquelle elles se meuvent, les lettres dont on a besoin pour la combinaison à faire, tandis que les bandes inutiles à cette combinaison restent au repos et invisibles jusqu'au moment où elles deviennent nécessaires pour une combinaison nouvelle.

Les avantages du Panlexigraphe sont incontestables: en effet, il amuse l'élève en même temps qu'il tient son attention constamment appliquée par le mouvement continuel des lettres que le doigt invisible du maître fait marcher, et par le changement instantané des combinaisons à lire : il l'empêche de mesurer la longueur de la leçon, puisque la leçon se décompose à chaque moment : il le met à l'abri des distractions et des préoccupations qu'entraînent toujours les mots environnans, puisque l'élève ne voit jamais que la lettre, la syllabe ou le mot à lire : il simplifie et facilite son travail, puisqu'il permet de graduer d'une manière insensible toutes les difficultés de la lecture, et de varier à l'infini les exercices sur chacune de ces difficultés : enfin, il doit déterminer à apprendre à lire beaucoup de personnes qui reculent devant un livre, dans la fausse persuasion où elles sont qu'elles ne pourraient jamais déchiffrer ce grimoire, puisqu'il leur montrera pour toute leçon un seul mot isolé au milieu d'un tableau, et que chez elles l'encouragement naîtra d'un premier succès obtenu sans peine.

DE LA MANIÈRE DE SE SERVIR

DU PANLEXIGRAPHE.

La seule inspection du Panlexigraphe indique la manière de s'en servir : il s'agit uniquement d'amener et de pousser avec le doigt les bandes dont on a besoin pour la série des combinaisons à montrer, en laissant au repos et enfoncées dans l'étui celles qui ne sont pas nécessaires.

De même quand on veut faire syllabiser l'élève, c'est-à-dire lui enseigner la division du mot en syllabes, il suffit de retirer ou d'enfoncer une bande intermédiaire.

Le Panlexigraphe que je livre au public ne porte que huit bandes ; un plus grand nombre eût été gênant sans être plus utile, car avec huit alphabets on a plus de lettres qu'il n'en faut pour composer toutes les syllabes de la langue et pour varier à l'infini les accompagnemens de ces syllabes ; mais le Panlexigraphe, pour lequel j'ai obtenu brevet d'invention, est susceptible de porter autant de bandes qu'il peut y avoir de lettres dans le mot le plus long de la langue et de toutes les langues. S'il en eût été autrement, le Panlexigraphe (*qui écrit tous les mots*) n'eût pas mérité son nom.

Je ferai confectionner sur commande des instrumens avec autant de bandes qu'on pourra en désirer.

Des huit bandes du Panlexigraphe, la première a la gauche de l'élève qui lit porte l'alphabet dans l'ordre observé jusqu'ici. C'est sur cette bande qu'il faut faire apprendre les lettres, si on n'emploie pas la bande des majuscules. Les sept autres bandes portent toutes les voyelles avant les consonnes, parce que les voyelles se répétant plus souvent que les consonnes, le mouvement des bandes eût été trop grand dans une autre disposition de lettres.

DE LA CLASSIFICATION

EN DOUZE LEÇONS

DE LA

MATIÈRE DE L'ART DE LIRE;

ET

DES MOYENS A EMPLOYER

POUR RENDRE FACILE A L'ÉLÈVE CHACUNE DE CES DOUZE LEÇONS.

LIRE c'est parcourir des yeux les lettres des mots avec l'intelligence de leur valeur, de leur signification. Si cette valeur, cette signification des lettres était toujours la même dans tous les cas, celui-là saurait lire qui connaîtrait son alphabet. Mais il n'en est pas ainsi, et les lettres, en se réunissant pour former des combinaisons appelées syllabes, ou se modifient les unes les autres, ou perdent entièrement par cette réunion leur valeur, leur signification primitive.

La lecture est donc l'art de connaître les lettres de l'alphabet et les diverses combinaisons ou syllabes que ces lettres, en se réunissant, sont susceptibles de former.

Si cette définition de la lecture est exacte, et j'ai lieu de la croire telle; si, d'un autre côté, la raison et l'expérience nous disent que le simple est plus facile que le composé, qu'une combinaison est d'autant plus aisée à faire que les choses à combiner sont moins nombreuses, et qu'une difficulté à vaincre présente d'autant moins d'obstacles qu'elle a plus de rapports et d'analogie avec une difficulté déjà vaincue, la marche à suivre pour classer dans le meilleur ordre la matière de l'art de lire me paraît toute tracée : il s'agit uniquement, lorsque l'élève connaît ses lettres, de lui montrer les combinaisons de ces mêmes lettres prises deux à deux, c'est-à-dire les syllabes à deux lettres : de l'exercer ensuite sur les mots à syllabes de deux lettres, en commençant pas les mots de deux syllabes et en continuant par les mots de trois et de quatre, et cela avant de passer à l'exercice d'une seule syllabe à trois lettres; car il est certain que quelque long que soit un mot à syllabes de deux lettres, comme chacune des syllabes qui le composent n'est que la répétition d'une espèce de combinaison avec laquelle l'élève est familier, ce même mot est beaucoup plus facile qu'une seule combinaison ou syllabe à trois lettres. Il ne faut ensuite qu'avancer d'après cette donnée.

De là ma division en douze leçons de la matière à enseigner.

Sous chacune de ces leçons j'indique les moyens de la rendre facile à l'élève.

PREMIÈRE LEÇON.

ALPHABET.

Je conseille de montrer l'alphabet sur les minuscules : mais les personnes qui voudront le montrer sur les majuscules n'auront qu'à placer dans les coulisses la bande de rechange qui les porte et qu'elles trouveront dans une case séparée.

L'ordre des lettres dans l'alphabet, quoique vicieux, doit être conservé, et c'est dans cet ordre qu'il faut montrer les lettres : adopter une autre classification, c'est exposer l'élève à ne pas savoir se servir plus tard des dictionnaires et des tables alphabétiques.

Mais s'il est nécessaire de conserver un arrangement mauvais, il est plus nécessaire encore de changer le nom attribué jusqu'ici à la plupart des lettres.

La dénomination que je vais indiquer pour les personnes qui ne la connaissent pas est loin d'être nouvelle. Déja elle est adoptée dans beaucoup d'écoles, et elle doit l'être dans toutes un peu plus tôt ou un peu plus tard.

La voici :

A se prononce a.
B be (e muet).
C que

*

D se prononce	de.
E	e.
F	fe.
G	gue.
H	ache.
I	i.
J	je.
K	que.
L	le.
M	me.
N	ne.
O	o.
P	pe.
Q	que.
R	re.
S	se.
T	te.
U	u.
V	ve.
X	xe.
Y	ii.
Z	ze.

(*Nota.* Quand *C* et *G* se combinent avec *e*, *i* et *y*, on les fait prononcer *ce* et *je.*)

La dénomination que je viens d'indiquer n'est autre chose que le son même que l'on doit faire entendre à la vue des diverses consonnes (*h* excepté), lorsque les consonnes ne se combinent pas avec les voyelles ; et cette dénomination facilite beaucoup leur combinaison avec les voyelles dans tous les cas où cette combinaison a lieu.

Les avantages de cette dénomination sur l'ancienne sont palpables. En effet, l'élève qui doit épeler la syllabe *bra*, par exemple, et qui épelle *bé*, *erre*, *a*, ne peut être aidé par cette épellation à trouver la syllabe *bra* résultant de la combinaison des trois lettres *b*, *r*, *a*, puisque la dernière seulement, savoir *a*, retient sa valeur primitive lorsque les deux premières perdent la leur pour en prendre une nouvelle. L'élève, au contraire, qui, pour épeler la même syllabe, dit *be*, *re*, *a*, nomme, pour ainsi dire, cette même syllabe, sauf la confusion facile de *re* avec *a*.

La chose est plus sensible dans le mot *bal*: si on épelle *bé*, *a*, *elle*, on n'a là rien qui ressemble au mot *bal*; si on épelle *be*, *a*, *le*, on a le mot lui-même, sauf encore la confusion facile de *be* avec *a*.

Puisque j'ai parlé de l'épellation, je dois en dire mon avis.

Quoique depuis quelque temps on s'élève contre elle, et qu'on semble vouloir la proscrire, je pense qu'il faut la conserver. D'abord, parce qu'elle habitue l'élève à regarder en détail ses lettres, que toujours il voit mal quand il les voit en masse; ensuite, parce qu'elle me paraît être le seul moyen qu'il ait de retrouver la combinaison que forme tel ou tel assemblage de lettres, quand sa mémoire est en défaut ou en retard.

Supposons, en effet, que l'élève ait oublié que la réunion des deux lettres *b*, *a*, se traduit par le son *ba* : si on lui défend d'épeler, il est bien évident qu'il restera arrêté jusqu'à ce que le maître lui dise la syllabe ; si on lui permet d'épeler, le secours du maître n'est pas nécessaire, et la syllabe est mieux apprise.

Il y a une autre raison à faire valoir en faveur de l'épellation ; c'est que, dans le système contraire, on oblige la mémoire de l'élève à des efforts extraordinaires, puisqu'elle doit retenir, pour les exprimer d'abord et sans travail préparatoire, toutes les syllabes de la langue.

Mais si je conseille de faire épeler chaque leçon, je conseille aussi de ne faire passer l'élève d'une leçon à une autre que lorsque la première sera parfaitement sue sans le secours de l'épellation. C'est ainsi que je concilie les deux systèmes.

Quant au mode d'épeler, l'ancien étant défectueux, je dis sous chaque leçon comment l'épellation doit en être faite.

DEUXIÈME LEÇON.

ACCENTS.

Je conseille de ne pas embarrasser l'élève des noms d'aigu, de grave et de circonflèxe, et de désigner les différens *e* par le son qu'ils expriment alors qu'ils sont accentués.

TROISIÈME LEÇON.

Combinaison des consonnes simples *b*, *c*, *d*, *f*, *g*, *j*, *k*, *l*, *m*, *n*, *p*, *q*, *r*, *s*, *t*, *v*, *x*, *z*, avec les voyelles simples *a*, *e*, *é*, *è*, *ê*, *i*, *y*, *o*, *u*. (Voir l'alphabet.)

Ex. : *ba*, *ca*, *da*, etc.

Dans cette leçon, comme dans toutes les suivantes, où *h* ne sera pas combiné avec *c* ou *p*, on habituera l'élève à le regarder comme inutile.

Pour faire faire cette leçon on amenera la deuxième bande au point où elle marque *a*, et l'on fera marcher la première, de telle sorte que toutes les consonnes se combinent successivement avec la même voyelle, à l'opposé de ce qui se pratique dans l'ancienne méthode, où l'on fait combiner la même consonne avec toutes les voyelles, et où l'on fait dire *ba*, *be*, *bi*, *bo*, *bu*.

On agira de même pour toutes les autres leçons qui devront être faites à l'instar de celle-ci. La permanence du même son pendant un certain temps rend les exercices très-faciles à l'élève.

Cette leçon doit s'épeler comme dans l'ancienne méthode ; mais on ne devra passer à la leçon suivante que lorsque celle-ci sera sue sans épellation.

QUATRIÈME LEÇON.

Lecture de mots à syllabes semblables à celles de la troisième leçon.

Ex. : *baba*, *baca*, etc.

On allongera les mots graduellement.

Cette leçon n'étant que la répétition de la précédente, ne devra pas être épelée.

En faisant faire cette leçon et les suivantes, on ne devra pas s'occuper de présenter à l'élève des mots admis dans la langue, car l'enfant ne comprend pas ce qu'il lit, et l'adulte, trompé par des ressemblances, dit fort souvent le mot qui est dans sa tête au lieu du mot qui est sous ses yeux. Peu importe donc que le mot ait ou n'ait pas une acception reçue ; ce qui importe, c'est que l'élève sache le lire.

CINQUIÈME LEÇON.

1° Exercices sur les têtes suivantes de syllabes, savoir : *bl*, *cl*, *fl*, *gl*, *pl* ; *br*, *cr*, *dr*, *fr*, *gr*, *pr*, *tr*, *vr*, que l'on fera prononcer *ble*, *cle*, *fle*, *gle*, *ple*, *bre*, *cre*, *dre*, *fre*, *gre*, *pre*, *tre*, *vre*. On accoutumera l'élève à les lire rapidement, puis on les lui fera combiner avec les voyelles simples.

Épellation comme à la troisième leçon, dont ces exercices ne sont qu'une espèce de répétition.

2° Exercices sur les consonnes composées, savoir : *ch*, *gn*, *ph*, et combinaison de ces consonnes avec les voyelles simples.

Ex. : *cha*, *pha*, *gna*, etc.

On fera épeler *che, a, cha, phe, a, pha, gne, a, gna*, et non pas *c, h, a, cha*, etc.

SIXIÈME LEÇON.

Combinaison de toutes les consonnes simples et composées avec les doubles voyelles, *ai, au, ei, eu, oi, ou*.

Ex. : *bai*, *cai*, *dai*, etc.

On fera épeler *b*, *ai*, *bai*, et non pas *b*, *a*, *i*, *bai*, etc.

SEPTIÈME LEÇON.

Combinaison de toutes les consonnes avec les nazales à deux lettres ; savoir, *am, an, em, en, im, in, om, on, um, un*.

Ex. : *bam*, *cam*, *dam*, etc.

On fera épeler *b*, *am*, *bam*, et non pas *b*, *a*, *m*, *bam*, etc.

HUITIÈME LEÇON.

Combinaison des consonnes avec la voyelle à trois lettres *eau*, et avec les nazales à trois lettres, *aim*, *ain*, *eim*, *ein*, *oin*.

Ex. : *beau*, *ceau*, *deau*, etc.

On fera épeler *b*, *eau*, *beau*, et non pas *b*, *e*, *a*, *u*, *beau*, etc.

Je dois expliquer ici, pour les personnes à qui ce système des signes composés n'est pas familier, les avantages du mode d'épeler que je viens d'indiquer.

Et d'abord les signes ou lettres composées sont celles dont la réunion doit être exprimée par un son unique et tout différent de la valeur primitive de chacune des lettres formant la réunion ; ces lettres composées sont pour les consonnes *ch*, *ph*, *gn*; pour les voyelles, *ai*, *au*, *ei*, *eu*, *oi*, *ou*, *eau*; et pour les nazales *am*, *an*, *em*, *en*, *im*, *in*, *om*, *on*, *um*, *un*, *aim*, *ain*, *eim*, *ein*, *oin*. Dans toutes ces combinaisons chacune des lettres qui les composent perd sa signification première pour en prendre une nouvelle.

Ceci posé, il est bien évident que l'élève qui sera accoutumé à ne voir que comme un seul signe tout assemblage de lettres, soit voyelles, soit consonnes, se traduisant par un seul son, trouvera bien plus facilement la syllabe composée d'assemblages de cette nature, en épelant chacun d'eux par le son unique qu'il représente, qu'en épelant séparément chacune des lettres employées à former ces assemblages.

Ainsi par ex.: soit le mot *chou* à épeler, il est incontestable que l'élève qui épelera *che*, *ou*, arrivera bien plus aisément et bien plus promptement au mot *chou*, que celui qui épelera *c*, *h*, *o*, *u*, épellation qui ne présentera jamais à son esprit l'idée du son *chou*.

Ce système des signes composés date de fort loin; les auteurs ont varié sur le plus ou le moins grand nombre de ces signes. Ainsi les uns n'ont pas vu de signes composés dans la combinaison des voyelles avec les nazales, et les autres en ont vu dans les assemblages suivans: *ill*, (*l* mouillé) *ui*, *ien*, *ier*, *iez*, *ion*, *eur*.

Il sera facile aux personnes qui partageront ces idées d'agir en conséquence, le Panlexigraphe leur en offre les moyens; elles n'auront qu'à établir sur les bandes la réunion des lettres, qui pour elles formera un signe composé, et à faire passer successivement devant chacun de ces signes les lettres qui se combinent avec lui.

Quoiqu'il en soit du nombre des signes composés, j'en laisse chacun juge, et je me contente d'en recommander le système.

NEUVIÈME LEÇON.

Exercices sur la consonne qui suit la voyelle simple ou composée, quand cette consonne est finale du mot ou de la syllabe, et qu'elle doit être prononcée.

Ex.: *l*, dans *bal*, *r*, dans *barbe*, *c*, dans *bouc*, etc.

Lorsque la voyelle qui précédera la consonne finale sera *e*, on aura soin de la faire prononcer *è*, puisqu'en effet elle doit être ainsi accentuée dans les cas analogues à ceux posés ci-dessus; ainsi, dans *bec*, *e* muet se prononce *è*, de même dans *permis*, etc....

Cette leçon n'aurait pas besoin d'être épelée. En effet, l'élève connaît maintenant les combinaisons de toutes les consonnes avec les voyelles; dès-lors il peut exprimer ces combinaisons sans épellation; or, ces combinaisons une fois exprimées, il n'a plus qu'à dénommer la consonne qui suit; ainsi, dans le mot *bal*, puisqu'il sait lire *ba*, et qu'après avoir dit *ba* il n'a plus qu'à ajouter le nom de la lettre qui suit, savoir *le*, l'épellation ne serait pas rigoureusement nécessaire.

Néanmoins je pense qu'il est bon de faire épeler quelques syllabes, et voici comment je conseille de faire faire l'épellation.

Soient toujours à épeler les mots *bal* et *barbe*.

On fera épeler le premier *ba*, *l*, *bal*: et le second *ba*, *r*, *bar*; le reste ne doit pas être épelé.

Dans cette épellation la consonne finale est regardée et traitée comme une syllabe d'une espèce particulière.

La raison pour ne pas réunir dans une même épellation la voyelle et la consonne qui la suit, quoique cette consonne fasse partie de la même syllabe, me paraît évidente. En effet, si une syllabe n'est autre chose qu'*un son* figuré par une ou plusieurs lettres, n'est-il pas certain que quand la voyelle (*le son*) a été prononcée, la syllabe est entière, complète, terminée, et que tout ce qui suit ne lui appartient pas, mais constitue un autre son particulier tout à fait distinct du premier? Dès-lors, pourquoi enjamber d'un son sur un autre? pourquoi faire une confusion, là où une division est indiquée par la nature des choses, et lorsque cette division doit faciliter le travail de l'élève?

La manière que je viens d'indiquer d'épeler cette leçon, me semble avoir l'avantage de réduire la lecture presqu'à la simple dénomination des lettres; car après quelques exercices l'élève, habitué à voir qu'il n'a qu'à dire le nom des lettres, n'a plus besoin de les épeler, et va d'un trait jusqu'à la consonne qui se combine avec la voyelle.

Une autre manière d'épeler cette leçon serait de considérer comme appartenant à la voyelle suivante, et par conséquent d'épeler avec elle toutes les consonnes intermédiaires.

Dans ce système, toutes les règles de la division des

mots en syllabes se réduiraient à cette règle unique : qu'il faut toujours faire repos sur la voyelle.

Ce système va contre l'usage ; mais ce n'est pas une raison pour le repousser, si d'ailleurs il présente quelqu'utilité : ce qui me paraît incontestable.

DIXIÈME LEÇON.

Exercices sur les voyelles qui se rencontrent dans les mots sans se combiner ensemble.

Ex. : *loué*, *joué*, etc.

Exercices sur *y* entre deux voyelles.

On le fera épeler comme deux *i*.

ONZIÈME LEÇON.

Les exceptions suivantes et toutes les autres que j'aurais pu omettre.

S entre deux voyelles, ayant le son de *Z*.

T prenant le son de deux *S*, comme dans *nation*, *patient*.

Ois se prononçant *ais*, dans les imparfaits des verbes.

En faisant *in* après *i*, comme dans *bien*.

L mouillé.

Nt ne se prononçant pas dans les verbes. Ex. : Ils *dînent*, ils *aiment*.

DOUZIÈME LEÇON.

La cédille, l'apostrophe, les signes de la ponctuation, *Œ*.

Ces exercices se feront sur la deuxième bande de rechange, qu'on placera dans le Panlexigraphe.

On terminera le cours par les majuscules et les liaisons.

La division que je viens de faire de la matière de l'art de lire, et l'ordre dans lequel j'ai placé les parties de cette matière, n'ont rien d'absolument essentiel. On pourra déranger cet ordre et multiplier les leçons ou sections sans inconvéniens, pourvu qu'on n'oublie pas le principe : le simple est plus facile que le composé. C'est ainsi que les cinquième, sixième et septième leçons pourront changer de numéros, puisque dans chacune de ces leçons les syllabes sont composées de trois lettres.

On aura soin, avant chaque leçon nouvelle, de repasser la leçon déjà sue, et de réunir, à mesure qu'on avancera, les exercices appris aux exercices à apprendre.

Lorsque l'élève possédera bien une leçon sur le Panlexigraphe, on pourra la lui faire répéter sur le premier livre ; mais on pourra aussi ne lui en présenter un qu'après lui avoir fait parcourir sur le Panlexigraphe tous les exercices indiqués, et les lui avoir rendus familiers.

Les succès que l'on obtiendra en suivant mes conseils appliqués par le Panlexigraphe, seront rapides et sûrs. Néanmoins je dois déclarer que par le mot LEÇON dont je me suis servi, j'ai entendu une portion quelconque de la chose à apprendre, demandant pour être sue plus ou moins de temps, selon la disposition de l'élève, et non point une leçon semblable à celles qu'on donne dans les écoles. Je n'ai pas eu la prétention d'enseigner les moyens de couler d'un seul jet dans les têtes l'art de la lecture. J'ai essayé seulement de rendre plus faciles et plus agréables l'enseignement et l'étude de cet art que Duclos disait être le plus difficile de tous, que J.-J. Rousseau s'étonnait d'avoir pu apprendre ; et en présentant au public un nouveau moyen de montrer à lire, j'ai essayé de rester fidèle à l'épigraphe que le bon Rollin m'a fournie, et que je me plais à répéter en finissant : *Il faut écarter la monotonie des études, rendre le travail facile, et en faire une espèce d'amusement et de jeu.*

Heureux si j'ai pu atteindre le but de mes efforts !

Imprimerie de J. Smith, rue Montmorency, N° 16.

www.ingramcontent.com/pod-product-compliance
Ingram Content Group UK Ltd.
Pitfield, Milton Keynes, MK11 3LW, UK
UKHW020536180726
13839UKWH00006B/2554